El Camino de la Abundancia

La riqueza en todos los campos de la conciencia y de la vid

DEEPA

 Amber-Allen Publishing

New World Library

© 1993 Deepak Chopra
Traducción © 1995 Ana Mazía
Basado en el libro *Creating Affluence: Wealth Consciousness in the Field of All Possibilities*

Publicado por Amber-Allen Publishing y New World Library

OFICINA DE EDICIÓN:
Amber-Allen Publishing
P.O. Box 6657
San Rafael, CA 94903

OFICINA DE DISTRIBUCIÓN:
New World Library
14 Pamaron Way
Novato, CA 94949

Editoriales: Janet Mills
Traducción: Ana Mazía
Tipógrafa: Aaron Kenedi
Diseño de funda: Beth Hansen
Redactor: Professor Richard P. Castillo

Library of Congress Cataloging-in-Publication Data

Chopra, Deepak. 1946-
    [Creating affluence. Spanish]
    El camino de la abundancia : la riqueza en todos los campos de la conciencia y de la vida / Deepak Chopra : [Ana Mazía, translator].
        p.   cm
    Translation of : Creating affluence.
    ISBN 1-878424-05-X (pbk. : alk. paper)
    1. Wealth — Miscellanea. 2. Wealth — Psychological aspects. 3. Transcendental Meditation.   I. Title
[HB251.C4818 1997]   97-14920
330.1'6--DC21

Impreso en Los Estados Unidos
Distribuido por Publishers Group West
10 9 8 7 6 5 4 3 2 1

La abundancia infinita y
la plenitud son nuestra condición natural.
Sólo necesitamos recuperar el recuerdo
de lo que ya conocíamos.

$\mathcal{I}$NDICE

Introducción

Una vez, en tierras lejanas, un joven fue al bosque y le dijo a su guía espiritual:

—Quisiera tener riqueza sin límites, y con esa riqueza sin límites quiero ayudar y sanar al mundo. Por favor, ¿me dirás el secreto para crear esa abundancia?

Y el maestro respondió:

—Hay dos diosas que habitan el corazón de cada ser humano, y todos amamos profundamente a esos seres supremos. Pero existe un secreto que tienes que saber, y yo te lo diré.

Aunque amas a ambas diosas, debes prestar más atención a una de ellas. Es la diosa del Conocimiento, y se llama Sarasvati. Persíguela, ámala, y préstale atención. La otra, Lakshmi, es la diosa de la Abundancia. Al ver que le prestas más atención a Sarasvati, Lakshmi se pondrá muy celosa y se fijará más en ti. Cuanto más persigas a la diosa del Conocimiento, la de la Abundancia te perseguirá más a ti. Te seguirá dondequiera que vayas, y nunca te abandonará. Y tendrás para siempre esa abundancia que deseas.

El conocimiento, el deseo y el espíritu tienen fuerza. Y esa fuerza, dentro de cada ser, es la clave para crear abundancia.

NOTA DEL AUTOR

El material de este libro está muy concentrado y, en sentido literal, es necesario que el lector lo metabolice y lo experimente en su propia conciencia.

Para obtener mejores resultados, sugiero que leas todo el libro, y luego cinco páginas cada día.

Al terminar, puedes comenzarlo otra vez. Conviértelo en un hábito para toda la vida, y la abundancia y la prosperidad, en todas sus formas, te seguirán dondequiera que vayas.

Primera Parte

EL CAMINO DE LA ABUNDANCIA

En la vasta expansión de mi conciencia,
aparecen y desaparecen infinitos mundos,
como pequeñas motas de polvo que
bailan en un rayo de luz.

— Antiguo dicho védico

Capítulo I

La fuente de toda abundancia

La abundancia es la experiencia en la que nuestras necesidades se satisfacen con facilidad y nuestros deseos se cumplen espontáneamente. Sentimos alegría, salud, felicidad y vitalidad en cada momento de nuestra existencia.

La abundancia es una realidad, y el propósito genuino de este libro es darnos una visión interna de la naturaleza de esa realidad.

Cuando arraigamos en la naturaleza de la realidad y, al mismo tiempo, sabemos que esa realidad es nuestra propia naturaleza, comprendemos que somos capaces de crear cualquier cosa, porque todo el material de la creación tiene el mismo origen. La naturaleza acude al mismo sitio para crear un conjunto de nebulosas, una galaxia de estrellas, una selva tropical o un cuerpo humano, igual que para crear un pensamiento.

En la creación, todo lo material, todo lo que podemos ver, tocar, oír, gustar u oler, está hecho de la misma sustancia y proviene de la misma fuente. El conocimiento concreto de este hecho nos da la capacidad de satisfacer cualquier deseo, de adquirir cualquier objeto material, y de gozar de la plenitud y de la felicidad, cualquiera sea el límite a que aspiremos.

Los principios que se exponen en esta obra se relacionan, de manera específica, con la creación de abundancia material ilimitada, pero pueden aplicarse para realizar cualquier deseo, porque son los mismos que emplea la naturaleza para generar la realidad material a partir de una esencia inmaterial.

Antes de ocuparnos de esos principios, deseo hablar en cierto detalle de lo que la ciencia, en particular la física, nos dice acerca de la naturaleza de este universo que habitamos, de la naturaleza de nuestro cuerpo humano, de nuestra mente, y de la relación que existe entre ellos.

Según los teóricos del campo cuántico, todas las cosas materiales, sean automóviles, cuerpos humanos, o billetes, están hechas de átomos. Éstos, a su vez, están compuestos de partículas subatómicas, que son fluctuaciones de energía e información, en un inmenso vacío de energía e información.

En mis otros libros y cintas, siempre exploré minuciosamente el carácter de la realidad cuántica. Sin entrar en detalles, la conclusión básica de los teóricos del campo cuántico es que la materia prima del mundo es inmaterial; la sustancia esencial del universo es insustancial. Toda nuestra tecnología se basa en ese hecho, y es la ruina suprema de la superstición materialista de la actualidad.

La máquina de fax, la computadora, la radio, la televisión, son posibles porque los científicos ya no creen que el átomo, unidad básica de la materia, sea una entidad sólida. El átomo no es en absoluto una entidad sólida: es una jerarquía de estados de información y energía en el vacío de todos los posibles estados de información y energía.

La diferencia entre un objeto material y otro

objeto material, por ejemplo entre un átomo de plomo y uno de oro, no se encuentra en el nivel material. Las partículas subatómicas, protones, electrones, quarks y bosones que componen tanto el átomo de oro como el de plomo son exactamente las mismas. Más aún, aunque las llamamos partículas, no son objetos materiales sino impulsos de energía e información. Lo que diferencia el oro del plomo es la *disposición* y la *cantidad* de esos impulsos.

Toda creación material está estructurada sobre la base de información y energía. En esencia, todo suceso cuántico es una fluctuación de energía e información. Y esos impulsos de energía y de información son la antimateria que constituye todo lo que consideramos sustancia o materia.

Por lo tanto, resulta claro que no sólo la sustancia esencial del universo no es materia, sino que es anti materia *pensante*. Pues, ¿qué otra cosa es un pensamiento, sino un impulso de energía e información?

Imaginamos que los pensamientos sólo surgen en nuestra cabeza, pero ello se debe a que los experimentamos como pensamiento estructurado de manera lingüística, que se expresa verbalmente y que nos habla en nuestro idioma... en mi caso, inglés con acento de persona de la India. Sin embargo, esos impulsos de energía e información que consideramos pensamientos, esos *mismos impulsos*, son la materia prima del universo.

La única diferencia entre los pensamientos que están dentro y fuera de mi cabeza consiste en que veo los que están dentro estructurados en términos lingüísticos, pero antes de que un pensamiento se haga verbo y pueda experimentarse como lenguaje, es sólo intención. Es, insisto, un impulso de energía e información.

En otras palabras, en el nivel preverbal, toda la naturaleza habla el mismo lenguaje. Todos somos cuerpos pensantes en un universo pensante. Y, de igual manera que el pensamiento se proyecta en las moléculas de nuestro cuerpo, los mismos impulsos de energía e información se proyectan como sucesos en el espacio-tiempo de nuestro ambiente.

Tras la apariencia visible del universo, más allá del espejismo de las moléculas, del *maya* o ilusión del mundo físico, subyace una matriz invisible por definición, constituida por la nada. Esa nada invisible orquesta, instruye, guía, gobierna y obliga en silencio a la naturaleza a expresarse a través de una creatividad infinita, de una abundancia infinita, y de una exactitud sin errores en incontables diseños, modelos y formas.

Las experiencias de la vida son el continuo en esa matriz sin costuras de la nada, en ese continuo de cuerpo y medio ambiente. Son nuestras experiencias de dicha y pena, de éxito y fracaso, de riqueza y pobreza. En apariencia, todo eso nos sucede pero, en niveles muy primarios, *nosotros hacemos que sucedan.*

Los impulsos de energía e información que crean nuestras experiencias se reflejan en nuestras actitudes hacia la vida. Y esas actitudes son el resultado de impulsos de energía e información que nosotros engendramos.

$\mathscr{C}$APÍTULO II

LOS PASOS DE LA A A LA Z
PARA CREAR ABUNDANCIA

Entonces, ¿cuáles son esos estados de conciencia, esos estados de información y energía que hacen surgir la experiencia de la riqueza en nuestra vida?

Por cuestiones prácticas, y para que sean fáciles de recordar, los ordené como pasos de la A a la Z para crear abundancia.

Según mi experiencia, no es necesario practicar de manera *consciente* las actitudes que voy a describir para materializar esa riqueza. Es inútil y fatigoso realizar un esfuerzo consciente para practicar una actitud o cultivar una disposición. Sólo es importante saber cuáles son esos pasos, tener *conciencia* de ellos. Cuanta más atención les prestemos, tanto más enraizarán en nuestra conciencia y en nuestro entendimiento. Así, habrá más probabilidades de que nuestra actitud y nuestra conducta cambien de manera espontánea, sin necesidad de esfuerzo.

El conocimiento tiene, en sí mismo, fuerza organizadora. Basta con saber los principios y conocerlos; nuestros cuerpos procesarán y metabolizarán el conocimiento, y se producirán resultados espontáneos. Esto no sucede de la noche a la mañana, sino que empieza a manifestarse de manera gradual, después de un tiempo.

Si observas la lista y la lees una vez por día, comprobarás que de modo espontáneo ocurren cambios y que, sin ningún esfuerzo, tu vida se colma de riqueza y abundancia.

"**A**" representa el absoluto, la abundancia, la autoridad. La naturaleza auténtica de nuestro estado terrestre consiste en que el universo es campo fértil de todas las posibilidades. En nuestra forma más primordial somos un área que incluye todas las posibilidades.

Desde este nivel, es posible crear cualquier cosa. Éste es el campo de nuestra naturaleza esencial, nuestro ser interior.

También se le llama absoluto, y es la autoridad definitiva. Es riqueza en sí misma, pues genera la diversidad infinita y la abundancia del universo.

"B" representa bondad, lo bueno que con el tiempo crece más y más, evolucionando hacia lo mejor en todos los aspectos y, por último, nos brinda lo mejor de todo.

Las personas con conciencia de abundancia aspiran sólo a lo mejor. Eso también se denomina principio de "primero, lo mejor". Si aspiras sólo a la excelencia, el universo responderá dándote lo mejor.

"C" representa caridad y carencia de preocupaciones. Aunque uno tenga mil millones de dólares en el banco, si no conoce la experiencia de carecer de preocupaciones, ni la de la caridad, será pobre. Por definición, la conciencia de riqueza es un estado mental. Si vives preocupado por la cantidad de dinero que deseas y, en consecuencia, no tienes en cuenta el que posees, en realidad eres pobre.

De modo automático, la carencia de preocupaciones lleva a la caridad y al deseo de compartir, pues la fuente de la que proviene es infinita, ilimitada e inagotable.

"D" representa la ley de la demanda de servicios. Sea cual fuere el servicio que podamos prestar, siempre habrá una demanda de él. Pregúntate "¿Cómo puedo servir?" y "¿Cómo puedo ayudar?" Las respuestas están en tu interior. Cuando las halles, también descubrirás que existe una demanda para el servicio que estás en condiciones de brindar.

"D" también simboliza el *dharma*. Cada uno de nosotros tiene un dharma, un objetivo en la vida. Cuando estamos en el dharma, disfrutamos de nuestro trabajo y lo amamos.

"E" representa la euforia por el éxito de los demás, en especial el de tus competidores y de quienes se consideran tus enemigos. Cuando te regocijes por su éxito, tus competidores y enemigos se convertirán en ayudantes.

"E" también simboliza el principio de que la expectativa determina el resultado. Espera siempre lo mejor y verás que la expectativa contiene en sí misma ese resultado.

"F" representa la conclusión de que en todo fracaso se oculta la semilla de un éxito. En la manifestación de lo material por lo inmaterial, de lo visible por lo invisible, subyace una mecánica fundamental: el principio de la realimentación.

Nuestros fracasos son peldaños en la mecánica de nuestra creación, pues nos acercan a la meta. En realidad, el fracaso no existe. Lo que llamamos así sólo es un mecanismo mediante el cual podemos aprender a hacer las cosas bien.

"G" representa gratitud, generosidad, dar gracias a Dios. La gratitud y la generosidad son características naturales de una conciencia plena. Puesto que sólo debemos perseguir la excelencia, según el principio de que primero lo mejor, ¿por qué no tomar a Dios como modelo? A fin de cuentas, no hay nadie más rico que Dios, pues Él es el campo de todas las posibilidades.

Existe un mecanismo preciso a través del cual se manifiestan todos los deseos. Los cuatro pasos son los siguientes:

Primer paso: Te deslizas por la brecha entre los pensamientos. La brecha es la ventana, el pasillo, el vértice de la transformación a través del cual la psiquis personal se comunica con el alma cósmica.

Segundo paso: Te propones un objetivo claro en la brecha.

Tercer paso: Dejas de involucrarte con el resultado, pues ir en pos de un objetivo o comprometerse con él trae aparejado salir de la brecha.

Cuarto paso: Dejas que el universo se ocupe de los detalles.

Si bien es importante tener conciencia de una meta clara, también lo es abandonar el compromiso con el objetivo. Y la meta está en esa brecha, y allí se asienta la potencia para organizar y orquestar los detalles necesarios para influir sobre un logro.

Tal vez recuerdes el momento en que intentaste acordarte de un nombre, te esforzaste e insististe, pero fue en vano. Por fin, desististe del compromiso de lograrlo e instantes después el nombre buscado relampagueó en la pantalla de tu mente. Éste es el mecanismo para satisfacer cualquier deseo.

Mientras te esforzabas por recordar ese nombre, tu mente se mantuvo muy activa, turbulenta, hasta que al fin, por fatiga y frustración, te dejaste ir y la mente se aquietó. Poco a poco disminuyó el ritmo, casi hasta detenerse; te deslizaste en esa brecha, donde liberaste tu deseo, y muy pronto lo viste cumplido. Este es el verdadero significado de "Pide y te será dado", o "Llama a la puerta y se te abrirá".

Uno de los modos más fáciles y descansados de deslizarse en la brecha consiste en hacerlo a través de la meditación. Y existen muchas formas de meditación y oración que pueden ayudarnos a manifestar deseos desde la brecha.

"H" representa la humanidad, que nos hace saber que estamos aquí para hacer feliz a cada ser humano con quien estemos en contacto.

De manera natural, la vida se orienta en dirección a la felicidad. Constantemente tenemos que preguntarnos si lo que hacemos nos brindará dicha, a nosotros y a quienes nos rodean. Porque la felicidad es el fin último, es la meta de todas las metas.

Cuando buscamos dinero, o una buena relación, o un excelente trabajo, lo que en realidad buscamos es la felicidad, y cometemos el error de no ir, en primer lugar, en busca de la felicidad. Si lo hiciéramos, todo lo demás vendría por añadidura.

"**I**" representa intento, o intención, y nos remite a sus poderes insoslayables. Significa adoptar una decisión inquebrantable, de la que no es posible retroceder. Simboliza la unidad de propósito. Es un objetivo definido, al que no se oponen deseos o intereses que entren en conflicto con él.

Para adquirir riqueza y, a decir verdad, para adquirir cualquier otra cosa en el universo de lo físico, hay que intentarlo, decidirse a procurarlo. La decisión es inmutable, con un propósito fijo, y nada habrá de contradecirla. El universo se hace cargo de los detalles, organiza y orquesta las oportunidades. Uno sólo se limitará a estar alerta a esas oportunidades.

"J" representa el hecho de que no es necesario juzgar. Cuando nos abstenemos del impulso de clasificar todo en bueno o malo, en correcto o equivocado, en nuestra conciencia se hace el silencio. Si nos deshacemos del peso del juicio, el diálogo interior comienza a acallarse, y en consecuencia resulta más fácil acceder a la brecha.

Por tanto, es importante apartarse de definiciones, etiquetas, descripciones, interpretaciones, evaluaciones, análisis y juicios, pues todo ello genera turbulencia en nuestro diálogo interior.

"**K**" representa el karma positivo del conocimiento, el poder organizador inherente al saber. El conocimiento, sea de la clase que sea, se metaboliza de modo espontáneo y trae consigo un cambio en la conciencia, por medio del cual pueden crearse nuevas realidades.

Por ejemplo, familiarizarse con el conocimiento que surge de este libro creará espontáneamente las condiciones para la abundancia de todo tipo.

"L" representa la libertad de amar. Ámate a ti mismo. Ama a tu familia. Ama a tus clientes. Ama a todos. Ama al mundo. No hay poder más intenso que el del amor.

También simboliza aspirar al lujo en la vida. El lujo es nuestro estado natural. El aspirar al lujo en la vida es la condición previa para que la abundancia comience a fluir.

"**M**" representa el manantial de las monedas. Ganar dinero para otros, ayudar a otros a ganarlo, porque ayudar a otros a ganar dinero, y contribuir a que otras personas colmen sus deseos, es un modo seguro de obtenerlo uno mismo y, además, de satisfacer tus propios sueños con más facilidad.

"**M**" también se refiere a motivar. La mejor manera de motivar a otras personas a que nos ayuden a satisfacer nuestros deseos consiste en contribuir a satisfacer los de ellas.

"**N**" representa decirle no a la negatividad. Mi amigo, el famoso escritor Wayne Dyer, me enseñó una técnica sencilla para lograrlo. Cada vez que lo asalta un pensamiento negativo, dice para sí: "Nada de eso", y piensa en otra cosa .

Decirle no a la negatividad incluye no acercarse a personas negativas, pues esa es la clase de gente que mina nuestras energías. Rodéate de amor y de positividad, y no permitas que se genere negatividad en el ambiente en que te desenvuelves.

"O" representa que la vida es la coexistencia de los valores opuestos. El gozo y la pena, el placer y el dolor, arriba y abajo, calor y frío, aquí y allá, luz y oscuridad, nacimiento y muerte. Toda experiencia ocurre por contraste, y cada uno de esos términos carecería de significado sin el otro.

Una vez, un profeta sabio dijo: ¨El que nació ciego nunca conocerá el significado de la oscuridad, pues nunca percibió la luz".

Cuando en nuestra conciencia surge una serena conciliación, una aceptación de esta coexistencia vital de los valores opuestos, de manera automática dejamos de juzgar. Vemos al conquistador y al conquistado como los dos polos del mismo ser. No enjuiciar trae consigo el apaciguamiento del diálogo interior, lo que abre la puerta a la creatividad.

"O" también alude a la oportunidad de una comunicación franca y abierta. Cada contacto con otro ser humano es una oportunidad para el crecimiento y la satisfacción de los deseos... basta con estar alerta a las oportunidades, a través de una conciencia cada vez más despierta. La comunicación abierta y franca deja abiertos los canales para concretar esas oportunidades.

"P" representa el propósito en la vida, y la potencialidad pura. Estamos aquí para cumplir un propósito, y a nosotros nos corresponde descubrir cuál es. Una vez que conocemos ese propósito, su conocimiento nos lleva a comprender que somos auténtica potencialidad.

Resulta indispensable tener la capacidad de expresar nuestro propósito en los términos más simples. Por ejemplo, el mío es curar, hacer feliz a todo el que entre en contacto conmigo, y generar paz.

El conocimiento de nuestro propósito abre la puerta al campo de la pura potencialidad, pues en el interior de nuestro deseo habitan las semillas y los mecanismos para su satisfacción.

El sabio védico afirma: "Yo soy el potencial inconmensurable de lo que fue, es y será, y mis deseos son como semillas en la tierra: aguardan la estación propicia, para manifestarse luego en bellas flores y árboles vigorosos, en jardines de ensueño y bosques majestuosos".

$\mathcal{Q}$

"Q" representa el qué interrogante, la búsqueda del quid de la cuestión: poner en tela de juicio el dogma, la ideología, la autoridad exterior a nosotros. La única manera de romper la hipnosis del condicionamiento social consiste en cuestionar lo que se da por sentado, lo que la gente asume como verdadero.

"R" representa que recibir es tan necesario como dar. Recibir con elegancia es una cara de la dignidad de dar. Quienes no saben recibir, en realidad son incapaces de dar. Dar y recibir son aspectos diferentes del flujo de energía del universo.

No necesariamente nos referimos a dar y recibir cosas materiales. Recibir con elegancia un cumplido, una manifestación de admiración o de respeto, también indica la capacidad de ofrecerlos a los demás. Y por mucho dinero que uno tenga en el banco, la falta de respeto, de cortesía, de buenos modales o de admiración genera un estado de pobreza.

"S" representa el servicio que debe prestar el dinero, haciéndolo circular. El dinero es como la sangre: tiene que fluir. Acumularlo y aferrarse a él enturbia la vida. Para que crezca, hay que ponerlo en circulación, pues de lo contrario se bloquea y causa daño, igual que la sangre coagulada.

El dinero es energía vital que intercambiamos y usamos, como resultado del servicio que brindamos al universo. Y para que siga llegando a nuestras manos, tenemos que mantenerlo en circulación.

"T" representa la trascendencia, el tiempo infinito de la conciencia, el talento, y el traspaso del diezmo. De acuerdo con mi experiencia personal, sin trascendencia la vida carece de belleza. Para vivir una vida plena, es necesario traspasar todas las fronteras.

Como dijo el poeta sufí Rumi: ¨Más allá de los conceptos de hacer las cosas bien o mal, hay un territorio. Allí os espero". Yo siento que mi experiencia de trascendencia, a través de la práctica de la meditación, me confiere estabilidad interior, y un silencio que ninguna actividad perturba. Ese silencio permanece en mí, y ninguna vivencia externa logra enturbiar la conciencia y la experiencia de mi propio ser.

"T" también sugiere el tiempo infinito de

la conciencia, en oposición a la conciencia del tiempo. La conciencia temporal surge cuando trocamos el propio ser por la imagen del ser. Esta imagen es una máscara social, un disfraz protector tras el cual nos ocultamos. En ese tiempo ligado a la conciencia, nuestra conducta siempre sufre la influencia del pasado, y de la ansiedad y el miedo al futuro. La conciencia del tiempo está siempre cargada de culpa y de pena, y tiene sus raíces en el temor. Provoca aislamiento, vejez, y muerte. La atemporalidad de la conciencia es la conciencia del propio ser.

El profeta védico afirma: "No me preocupa el pasado y no le temo al futuro, pues mi vida está por entero concentrada en el presente y, a medida que se presentan las situaciones, las respuestas acuden a mí". Este es también un estado de dicha. El ser no habita en el reino del pensamiento, sino en la brecha entre los pensamientos. El alma cósmico nos murmura suavemente desde ese lugar, y eso es lo que llamamos intuición. La conciencia temporal está en el intelecto, calcula. El tiempo infinito de la conciencia, en cambio, está en el corazón, se siente.

"T" también simboliza el talento. Para llevar

la creatividad al máximo, y brindar el mejor servicio, conviene desarrollar un banco de talentos, o un conjunto de individuos, cada uno de los cuales posee una habilidad única, y que, al sumar esos talentos, se obtenga algo superior a la suma de las partes.

Y faltaría agregar el traspaso de un diezmo. ¿Qué significa esto? Significa desprendernos de cierta porción de nuestros ingresos, sin condiciones ni ataduras. Cuando uno da, se produce un vacío que atrae más aún de lo que se cedió. Como dijo Emerson, "Sin un corazón rico, la riqueza se convierte en un feo mendigo".

U

"U" representa la comprensión de la unidad que se oculta tras la diversidad. El sentido de la unidad es un estado de iluminación en que traspasamos la máscara de la ilusión, que es la que provoca separación y fragmentación. Tras la separación externa, existe un campo unificado de integridad. En este caso, el observador y el paisaje son una unidad.

Experimentamos el sentido de la unidad cuando nos enamoramos, cuando estamos en contacto con la naturaleza, contemplando las estrellas o caminando por la playa, escuchando música, bailando, leyendo poesía, orando, y en el silencio de la meditación.

En la conciencia de la unidad, traspasamos la barrera del tiempo y entramos en el patio de juegos de la eternidad, como cuando decimos que "la belleza de la montaña quitaba el aliento, el tiempo pareció detenerse". En ese instante, eres una unidad con la montaña. En un nivel muy profundo de la conciencia, sabemos que tú, yo, la montaña y todo lo que existe somos el mismo Ser, con diferentes apariencias.

Este es el estado de amor, no como un sentimiento sino como la verdad definitiva, que yace en el corazón de toda creación.

"V" representa valores: verdad, integridad, honestidad, amor, fe, devoción y belleza. El gran poeta indio Rabindranath Tagore dice: "Cuando sentimos la belleza, la conocemos como una verdad".

Sin valores, hay confusión y caos. Si los valores se desintegran, todo se desintegra. La salud se desintegra, la pobreza domina a la riqueza, y las sociedades y las civilizaciones se derrumban.

Cuando prestamos atención a los valores que la sociedad siempre consideró sagrados, del caos surge el orden, el campo de potencialidad pura de nuestro interior se vuelve todopoderoso, y crea todo lo que desea.

W

"**W**" representa a las walkirias que escanciaban abundancia sin preocupaciones. La conciencia de la abundancia significa ausencia de preocupaciones monetarias.

Una vez comentábamos con mi maestro, el Maharishi Mahesh Yogi, un proyecto para la paz mundial. Alguien le preguntó de dónde saldría el dinero necesario para financiarlo, y el maestro respondió sin vacilar: "Del lugar donde esté en ese momento".

X

"X" representa el xilofón, que con sus melodiosos sonidos, en sus diversas modulaciones y longitudes, nos permite expresar un sincero agradecimiento y nuestro aprecio a todos los que nos ayudaron. Nunca debemos fingir que valoramos algo, pero si lo sentimos tenemos que demostrarlo. La expresión de la gratitud es una fuerza tan poderosa que crea más de lo que ya recibimos.

Y

"**Y**" representa el yunque donde se labra el vigor juvenil. Cuando la identidad de lo que somos se refiere al ser, nos sentimos sanos. Si nos identificamos con objetos, ya sean situaciones, circunstancias, personas o cosas, cedemos nuestra energía al objeto de referencia. El resultado es que sentimos déficit de energía y de vitalidad.

En cambio, cuando nuestra identidad proviene del ser, conservamos la energía en nosotros mismos. Nos sentimos fuertes, poderosos, y experimentamos el vigor de la juventud.

"Z" representa el zenit, el punto más alto del gusto por la vida. Significa apreciar la vida en toda su vitalidad y exuberancia. Es saber que sólo existe una vida, que se expresa en multitud de formas. Y que vida consiste en saber que el poder existe en este preciso momento. Es saber que yo soy vida, que tú eres vida, que todo es vida, y vida es todo lo que hay.

Tagore dijo una vez: "La misma corriente de la vida que recorre el mundo, corre por mis venas noche y día, y danza con ritmo propio. Es la misma vida que derrama alegría a través del polvo de la tierra, en innumerables briznas de hierba, y brota en tumultuosas oleadas de flores". El designa todo esto como "el pulso de vida de las eras, que danza en mi sangre en este instante". En el zenit, estamos en contacto con este pulso de las eras de la vida, que danza en nuestra sangre en este instante. Es enfrentar lo desconocido sin miedo y con libertad.

Lo desconocido es el campo de todas las posibilidades en cada momento del presente. Y eso es libertad, más allá de los condicionamientos del pasado, de la prisión del espacio, del tiempo y de la causalidad.

Como dijo una vez Don Juan a Carlos Castaneda: "En tanto enfrentemos nuestro destino específico con definitivo abandono, da igual cuál sea ese destino." Esto es ausencia de miedo. Esto es alegría. Esto es libertad. Esto es amor por la vida.

Aquí estamos. Esos son los pasos en el camino de la abundancia sin límites, el alfabeto de la prosperidad. Y repito: no es necesario cultivar de manera consciente una actitud relacionada con esos atributos. Sólo es necesario saber que existen.

Lee la lista todos los días y descubrirás que tu vida cambia y se convierte en la expresión de la abundancia, de una prosperidad sin limites, de infinitud y de inmortalidad.

Crea tanta prosperidad como te pida tu corazón. Realiza cada uno de tus deseos materiales e inmateriales. Crea riqueza, pero gástala. Compártela, dásela a los demás. Dásela a tus hijos, a tu familia, a tus parientes, amigos, a la sociedad y al mundo. Pues la riqueza es del universo y no nos pertenece...nosotros le pertenecemos.

Somos hijos privilegiados, y el universo nos eligió para compartir con nosotros sus bondades. Sólo tenemos que prestar atención a la abundancia, y será nuestra. Lo único importante es la atención.

Como dijo una vez un gran sabio de la India: "Estás donde te transporta tu atención. Si tu atención está fragmentada, también lo estás tú. Cuando fijas tu atención en el pasado, estás en el pasado. Cuando tu atención está en el presente, te encuentras en presencia de Dios, y Dios está presente en ti".

Presta atención al presente, a lo que estás haciendo. Dios está en todas partes y bastará con que abarques Su presencia con tu atención.

Segunda Parte

La conciencia de la riqueza en el campo de todas las posibilidades

Deja que las aguas se aquieten y verás las estrellas y la luna reflejadas en tu Ser.
— Rumi

Capítulo III

La magia de la atención

Hasta ahora hemos hablado de los pasos hacia la abundancia en un aspecto más o menos materialista. Pero la riqueza material, el dinero, es sólo uno de los medios para alcanzar el cumplimiento espontáneo de nuestros deseos.

La abundancia o la riqueza significan que uno puede colmar sus deseos con facilidad, sean cuales fueren, ya pertenezcan al reino de lo material, al de las necesidades emocionales, psicológicas o espirituales, o al de las relaciones.

La atención de una persona auténticamente rica nunca se concentra sólo en el dinero. Más aún: una persona en verdad rica nunca tiene preocupaciones de dinero. Puedes tener millones de dólares en el banco, pero si piensas constantemente en el dinero, si te preocupas por el que tienes, si te afliges por conseguir más, por no tener suficiente, por perderlo, serás pobre, sin importar la cantidad de dólares que poseas. Como dijo en una ocasión Oscar Wilde: "Sólo existe una clase de personas que piensa más en el dinero que los ricos: los pobres. En realidad, los pobres no pueden pensar en otra cosa".

La verdadera riqueza consiste en no preocuparse por nada en la vida, ni siquiera por el dinero. Por tanto, la genuina conciencia de la riqueza es la conciencia de la fuente de toda realidad material. Esta fuente de la que mana la realidad material es pura conciencia. Es el ámbito de la unidad, el espacio de las posibilidades todas.

No podemos conocer ese espacio con sólo pensar en él, pues por definición trasciende el pensamiento. Pero sí podemos tener experiencia del mismo trascendiendo hasta él, y conociéndolo tan íntimamente como a nuestra propia naturaleza.

Al trascender, adquirimos un conocimiento no verbal, sin empleo de palabras. Obtenemos el saber de modo directo, sin distraernos con el lenguaje hablado. En eso consiste el valor de la meditación, que nos brinda la experiencia del Ser Absoluto, aunque la experiencia del Ser Absoluto es, en sí misma, una manifestación absoluta de goce y de dicha.

La ventaja principal de alternar la experiencia de la meditación con la actividad consiste en que cuanto más nos sumergimos en el campo del Ser Absoluto, de la conciencia absoluta, nuestra actividad se impregna más de él. Entonces, nuestra actividad adquiere las cualidades inherentes al Ser Absoluto, a la conciencia absoluta: infinitud, carencia de límites, abundancia, plenitud e inmortalidad.

La mejor manera de adquirir el conocimiento de este ámbito del Ser Absoluto es la meditación. También es útil conocer las cualidades desde el punto de vista intelectual y prestarles atención, ya que en última instancia todas nuestras experiencias son el resultado de la calidad de nuestra atención.

En este capítulo explicaré con algunos detalles, una vez más, el tema del campo cuántico.

Los físicos nos dicen que cuando traspasamos el reino de las partículas subatómicas hacia la nube de partículas subatómicas que constituyen el átomo con el que se construye toda la realidad, cuando intentamos examinar y entender esas partículas que tienen nombres tan curiosos como quarks, bosones, leptones, y así por el estilo, resultan tan pequeñas que no podemos medirlas. No existen ni existirán instrumentos capaces de medir la infinita pequeñez de esas partículas. De hecho, son tan pequeñas que sólo podemos pensar en ellas.

Ahora bien, hay otro hecho muy interesante con respecto a esas partículas: jamás se las ha visto. Si no pueden observarse, si no es posible verlas, ¿cómo sabemos que existen? La respuesta es que sabemos que existen por la evidencia de los rastros que dejan en los aceleradores de partículas. En los laboratorios donde se investiga sobre la teoría subatómica, pueden verse — e incluso fotografiarse — los rastros que dejan dichas partículas. Y observando esas huellas uno sabe que, en verdad, existen. Pero hay incluso otra faceta interesante en ellas: sólo existen cuando uno las observa.

En consecuencia, si estamos observando un campo cuántico, cada vez que miramos, esas partículas emergen a la existencia. Y cada vez que desviamos la atención, desaparecen en el vacío. Se apagan y encienden como diminutas luces en una habitación oscura. Es posible imaginar el cuarto oscuro como el espacio infinito e ilimitado, y que las partículas surgen por el mero hecho de concentrar nuestra atención en ese espacio.

Cuando concentramos la atención en ese ámbito, empiezan a existir. Si no prestamos atención a ese campo, sólo son una amplitud de probabilidades en el campo de todas las posibilidades.

Cada partícula es, al mismo tiempo, una onda. Y lo es hasta el momento de la observación. La onda no está restringida a un emplazamiento en el espacio ni en el tiempo, se trata de algo difuso. Por eso se llama amplitud de probabilidades en el campo de todas las posibilidades. Define la probabilidad estadística de encontrar una partícula en determinado sitio, en el momento de la observación... o sea, en el momento de prestar atención.

Es esa atención lo que transforma la amplitud de probabilidades, la onda, la distribución de probabilidades para una posible medición, en función del tiempo. La atención toma esa amplitud y la lleva al campo de la existencia material a través del simple hecho de la observación, y ese simple acto, por supuesto, consiste en concentrar nuestra atención en él. Por lo tanto, una partícula es, en sentido literal, una creación mía y tuya a través del acto de la observación.

Antes de ser observada, sólo era una probabilidad matemática, una distribución de posibilidades para una medición en función del tiempo.

La magia de la atención

Antes de la observación

 Onda

Dispersa en el espacio y en el tiempo
(amplitud de probabilidades)
inmaterial, ubicua
en el reino de la mente

En el momento de la observación

● Partícula

Hecho en el espacio-tiempo
localizado
en el reino de lo material

¿No es mágico, acaso? Es la calidad de nuestra atención lo que genera cierta amplitud de probabilidades en el ámbito de infinitas posibilidades y la traslada a la existencia material. De hecho, toda creación material sólo es el ser que se experimenta a sí mismo a través de las diferentes cualidades de su propia atención a sí mismo. Si nuestra atención está fragmentada, nosotros lo estamos. Si nuestra atención es íntegra, estamos integrados.

El sabio védico dice: "Concentra la atención en lo que es, y percibe su plenitud en cada momento. La presencia de Dios está por doquier. Sólo es preciso que la abraces conscientemente con tu atención".

Capítulo IV

La fuerza del conocimiento, el deseo y el espíritu

Examinemos las cualidades del campo unificado del yo, del Ser Absoluto, que es la fuente de toda abundancia y plenitud en el universo. A fin de cuentas, si tenemos que elegir un modelo, si tenemos que elegir algo para emular, ¿por qué no tomar como modelo el campo unificado, la fuente de toda creación?

Las veinticinco cualidades siguientes pertenecen al campo unificado. Esta lista fue enunciada años atrás, cuando Maharishi Mahesh Yogi, el fundador de la Técnica de la Meditación Trascendental, solicitó a un grupo de físicos que describieran las cualidades de dicho ámbito. Resultó que también eran las características de Brahman, la fuente de toda creación, como se describe en el Veda, el texto clásico espiritual de la India.

Si imagináramos a una persona que encarnara los pensamientos de Dios, estos serían sus rasgos psicológicos. ¿Y qué mejor que tomar como modelo la idea de Dios, el campo unificado del Ser, el ámbito de todas las posibilidades?

En una ocasión, Einstein dijo: "Quiero conocer los pensamientos de Dios; el resto, son detalles". Examinemos entonces las cualidades del campo unificado, que son:

- 1 -

El potencial total de la ley natural

Esto significa que todas las leyes de la naturaleza que están estructuradas, que dan lugar a la diversidad infinita de la creación, se hallan aquí, en el campo unificado.

En la actualidad, los científicos nos dicen que en la naturaleza existen cuatro fuerzas básicas: la gravedad, que permite que la Tierra gire y que mantiene a los planetas unidos; el electromagnetismo, gracias al cual existe la luz, el calor, la electricidad, todo lo que, en la vida cotidiana, percibimos como energía; la interacción potente que mantiene unido el núcleo de un átomo; la interacción débil, responsable de la transmutación de los elementos y de la desintegración radiactiva.

En la creación material, todo proviene de estas cuatro fuerzas. Pero no son sólo fuerzas sino también campos de inteligencia, pues el territorio último de estas fuerzas, el campo unificado, es la fuente de la inteligencia ilimitada y, por tanto, el potencial total de la ley natural.

- 2 -

Poder organizador infinito

El campo unificado organiza todo en la creación: el movimiento de las galaxias, de las estrellas, la rotación de la tierra, el ciclo de las estaciones, el ritmo biológico de nuestro cuerpo, la migración de los pájaros en la estación propicia, al lugar correcto, el retorno de los peces a los lugares de desove, los ritmos biológicos de la naturaleza como en el caso de las flores, las plantas y los animales. En sentido literal, es el poder organizador infinito. Puede cumplir innumerables tareas al mismo tiempo, y establecer luego la correlación entre ellas.

Hasta el cuerpo humano es un campo de infinito poder organizador. A cada segundo, en el cuerpo humano ocurren seis trillones de reacciones, y cada una de ellas está relacionada con cada una de las demás; cada uno de los procesos bioquímicos sabe qué otros procesos bioquímicos están ocurriendo en el cuerpo. Un cuerpo humano sabe pensar, tocar el piano, cantar, digerir el alimento, eliminar toxinas, matar gérmenes, observar el movimiento de las estrellas y concebir a un niño, todo al mismo tiempo, y vincular cada una de esas actividades con todas las demás.

Eso significa el poder organizador infinito del campo unificado en sí mismo. Conocer de modo íntimo ese campo, para experimentar el conocimiento del mismo como la propia naturaleza, significa corporizar el poder organizador infinito de ese ámbito.

- 3 -

El despertar pleno en sí mismo

Es el campo de la conciencia en estado puro. Es la vigilia en estado puro. La actividad. El no dormir. Aun en silencio, es el despertar total. En ese campo de vigilia absoluta, cualquier eventualidad es posible a través de la calidad de la atención en el campo unificado propiamente dicho.

- 4 -

Correlación infinita

Una vez más, la correlación de todo con todo lo demás.

- 5 -

Perfecto sentido del orden

El campo unificado es un ámbito de orden. En otras palabras, hay orden perfecto, aunque en la superficie parezca caótico. Poco tiempo atrás, se difundió mucha información sobre la llamada teoría del caos, que significa, lisa y llanamente, que lo que en la superficie aparenta ser un caos, en lo profundo es un orden.

Supongamos que has ido a la ciudad de Nueva York y por casualidad te encontraste en la estación Grand Central: si observaras desde fuera lo que sucede, verías un gran caos. Personas que corren de aquí para allá, por todos lados, sin ninguna apariencia de orden, aunque por supuesto cada una tiene un destino concreto. En consecuencia, ese desorden aparente es, en realidad, un estado de cosas muy ordenado.

Supongamos que, a último momento, alguien anuncia un cambio de vías, digamos que el tren X, en lugar de salir del andén once, saldrá del doce. Ahora se observa un caos mayor aún. Verás que la gente cambia rápidamente de dirección, que corre de acá para allá con mucha prisa pero, en realidad, por debajo subyace un orden, un propósito definido que anima toda esa actividad.

También existe orden en el campo unificado, pues organiza un número infinito de cosas al mismo tiempo. En la superficie, quizá parece caótico, y hasta puede impulsar a una actividad y a un pensamiento aparentemente caóticos, pero por debajo existe un orden.

- 6 -

Dinamismo infinito

El campo unificado es dinámico. Aunque esté en silencio, tiene un dinamismo infinito, capaz de generar cualquier posibilidad. Es fluido, flexible. Esta flexibilidad es un aspecto de su naturaleza no manifiesta. Es silencioso. En ese silencio se halla la fuente del dinamismo, como en el resto está la potencia para la actividad. Cuanto más hondo sea el silencio, mayor será el dinamismo.

- 7 -

Creatividad infinita

Después de todo, ¿qué puede ser más creativo que el acto de manifestar el universo íntegro? Pero esa manifestación del universo no es otra cosa que la del pensamiento desde el nivel del Ser, el Ser Absoluto pensando para sí: "Que yo sea agua", y en agua se convierte. Pensando para sí: "Que yo sea montaña", y en montaña se convierte; "Que yo me convierta en las galaxias", y en galaxias se convierte. El Ser Absoluto, sereno, silencioso, eterno, es el estado de goce. En una chispa de pensamiento, en una ligera perturbación, se expresa el universo entero.

El gran poeta sufí Rumi dijo una vez: "Venimos girando desde la nada, esparciendo estrellas como polvo". Ésa es la mecánica de la creación.

- 8 -

Saber absoluto

El saber absoluto no es conocimiento acerca de esto o aquello, sino el saber acerca de todo lo que existe en la creación material. Es la potencialidad, el inmenso poder de todo lo que fue, es y será.

- 9 -

Infinito

El campo unificado no está constreñido por límites, nociones conceptuales ni compromisos cognoscitivos. Este ámbito no tiene límites en el espacio ni en el tiempo. No tiene límites en el tiempo: es eterno. No tiene límites en el espacio: traspasa los bordes exteriores del espacio.

- 10 -

Equilibrio perfecto

El campo unificado equilibra toda la creación: la ecología de la naturaleza, la fisiología del cuepro humano, la transformación de un feto en un niño.

- 11 -

Autosuficiencia

El campo unificado no necesita nada de fuera, pues todo está contenido en su interior. Se curva sobre sí mismo, y se recrea una y otra vez.

- 12 -

Todas las posibilidades

Esto significa todas las posibilidades, todo lo que puedas imaginar...y más. En consecuencia, tienes la posibilidad de adquirir cualquier cosa que surja en el reino de la imaginación, incluso las que, por lo común, están más allá de los límites de tu imaginación. Cuanto más adquieras, más se expandirá tu imaginación. Lo que hoy es imposible de imaginar, mañana no lo será. Pero siempre existirán nuevos reinos que todavía no han sido explorados.

- 13 -

Silencio infinito

El silencio infinito es la mente de Dios, una mente capaz de crear cualquier cosa a partir del campo de la potencialidad absoluta. El silencio infinito contiene un dinamismo infinito. Si practicas el silencio, adquirirás el saber silencioso. En ese saber silencioso, existe un sistema de computación mucho más preciso, exacto y potente que cualquiera de los que se encuentran dentro de los límites del pensamiento racional.

- 14 -

Armonización

El universo es la relación armoniosa de todos los elementos y fuerzas que crean equilibrio y armonía. En sentido literal, la palabra universo significa "una canción". En esa canción, en esa armonía, hay paz, risa, alegría y placer.

- 15 -

Evolución

En la naturaleza, todo evoluciona hacia un nivel más elevado de la existencia. Aun sin intentarlo ni pensarlo, en virtud de nuestra propia existencia evolucionamos hacia un nivel de conciencia más elevado. Cuando nos percatamos de ello, evolucionamos más rápido aún.

- 16 -

Autorreferencia

El campo unificado no recurre a ningún objeto

externo para conocerse; se limita a volver sobre sí mismo para conocerse.

- 17 -

Invencibilidad

El campo unificado es indestructible. El fuego no puede quemarlo, el agua no puede mojarlo, el viento no puede secarlo, y las armas no pueden partirlo. Es antiguo, es nonato, jamás muere.

- 18 -

Inmortalidad

Por tanto, es inmortal.

- 19 -

No manifiesto

Pese a ser la fuente de toda creación, que es manifiesta, el campo unificado no se manifiesta en sí mismo.

Nutritivo

El campo unificado nutre todo lo creado, desde un árbol hasta el movimiento de las estrellas y las galaxias, desde la migración de los pájaros hasta el movimiento de nuestro sistema inmunológico, hasta el proceso digestivo que se desarrolla en nuestro interior y el latido de nuestro corazón. Todo ello es nutrido .

- 21 -

Integrador

No sólo nutre todas esas actividades, sino que las integra con todo lo demás.

- 22 -

Sencillez

Sin embargo, su naturaleza es de una sencillez infinita. Carece de complicaciones, dado que en el nivel menos evidente sólo es nuestra propia conciencia, la forma más sencilla de nuestra conciencia.

- 23 -

Purificador

El campo unificado purifica todo lo que entra en contacto con él. Purificar significa restituir algo a su original estado prístino. El universo, por ser la expresión de un equilibrio exquisito, tiene su origen en la pureza; por tanto el campo unificado, del cual todo proviene, purifica todo lo que toca.

- 24 -

Libertad

La libertad es inherente al campo unificado, y cuando entramos en contacto con él alcanzamos la libertad. Se trata de la libertad que mana del conocimiento experimental de la verdadera naturaleza propia. Y nuestra verdadera naturaleza indica que somos el testigo dichoso, silencioso, el espíritu libre e inmortal que anima toda manifestación. Y Ser es, precisamente, disfrutar de la experiencia de que uno es ese testigo silencioso.

Esta es la auténtica libertad: la capacidad de

gozar de las elecciones que hacemos en cada momento del presente. La capacidad de dedicar espontáneamente nuestra atención a las elecciones que nos proporcionan alegría, no sólo a nosotros sino también a otras personas.

- 25 -

Satisfacción gozosa

La última cualidad del campo unificado, la más importante, es la satisfacción gozosa, que no debe confundirse con la felicidad. La felicidad siempre se debe a un motivo. Somos felices cuando alguien nos dice un cumplido, o cuando conseguimos un buen trabajo, o cuando entablamos una relación prometedora. Pero cuando uno es feliz sin motivo, por el simple hecho de existir, se encuentra en estado de satisfacción gozosa.

Esta satisfacción gozosa se halla en el sitio del que provenimos, es la naturaleza misma de la existencia. Es inherente al campo unificado y más primordial que nuestro cuerpo, más cercana a nosotros que nuestra mente. Y nos sigue por donde vayamos.

En este estado de satisfacción gozosa reside la expresión del amor absoluto. Cuando el amor es absoluto, te transformas en la encarnación del amor. Ese amor no se le ofrece a nadie, a nadie se le niega. Irradia de uno como la luz de una fogata o los sueños de un soñador. Aviva la chispa del amor, dondequiera que caiga.

¿Cómo encarnamos en nuestra conciencia estas cualidades del campo unificado? De dos maneras: una consiste en tener conciencia de ellas; yo sugeriría escoger una cualidad cada día del mes, prestándole atención únicamente a ella.

Recuerda que la atención da vida a una partícula de una amplitud de probabilidades en un campo de todas las posibilidades. La atención es la mecánica misma por la cual un hecho ocurrido en el tiempo y el espacio se precipita en el campo de todas las posibilidades. De modo que, cuando concentramos la atención en una cualidad determinada del campo unificado, no sólo surge en nuestra conciencia sino que adopta expresión material en nuestra vida.

Los científicos demostraron que los aconte-
cimientos mentales se transforman en moléculas.
En sentido literal, estas moléculas son los men-
sajeros del espacio interior, el equivalente del
pensamiento. Cuando se las descubrió, se las
llamó neuropéptidos, pues en un principio se
encontraron en el cerebro. Ahora sabemos que
los neuropéptidos no sólo existen en el cerebro,
sino que impregnan cada célula del cuerpo.

Un pensamiento no sólo pone en funcionamiento la química del cerebro, sino de todo
el cuerpo. Cada uno de tus pensamientos, cada
idea que se te ocurre, envía un mensaje químico
al centro de la conciencia celular. Por tanto,
prestar atención a una palabra, que es la expresión simbólica de una idea, resulta ser un paso
mágico. Transforma lo invisible en visible.

Entonces, aborda un tema cada día del mes.
Hay veinticinco cualidades para otros tantos
días, y al concluir, el día veintiséis, puedes volver
a empezar con el primer tema. Supongamos que
el tema de hoy es la libertad. Entonces, hoy concentra tu atención en la palabra libertad.
Recuerda que la palabra se hace carne. El hecho

cuántico se convierte en neuropéptido. No analices la palabra ni trates de definirla. No la evalúes ni la interpretes. Limítate a concentrar tu atención en la idea. Pronto se incrustará en tu saber, en tu conciencia. Esto provocará una transformación positiva en tu conciencia, que de manera espontánea cambiará tu psicología; esta modificación, a su vez, producirá un cambio en tu experiencia de vida.

La segunda manera de crear una psicología que encarne las cualidades del campo unificado consiste en tener una experiencia directa de dicho ámbito, lo que se logra mediante la práctica de la meditación. La meditación permite que la mente experimente niveles cada vez más abstractos del proceso del pensamiento hasta que, por fin, trasciende el nivel de conciencia más abstracto, el de la conciencia trascendente, que es el campo unificado propiamente dicho. Este es el estado del conocimiento absoluto, de la conciencia absoluta. La meditación ha participado de la tradición espiritual de casi todas las culturas. Mis experiencias personales provienen de la práctica regular de la Meditación Trascendental.

Existe una serie de estudios científicos demostrativos de los efectos beneficiosos de la meditación: disminuye la presión arterial y alivia el estrés. Baja el promedio de metabolismo basal. Procura alivio e incluso hace desaparecer una cantidad de trastornos psicosomáticos tales como el insomnio y la angustia. Más aún, aumenta la coherencia de las ondas cerebrales, lo que incrementa el período de atención, la creatividad, la capacidad de aprender y la recuperación de la memoria.

Además, los efectos de la meditación se prolongan en la actividad cotidiana, la que en breve se impregna del campo unificado y siente la influencia de sus cualidades. Ello se debe a que nos transformamos en aquello que conocemos por experiencia. Una vez que nos convertimos en ello, empezamos a encarnar sus propiedades. En la literatura védica, se habla del campo unificado como Brahman. Y en sánscrito existe una frase, *"Brahmavit brahmaiv bhavate"*, que significa que uno se transforma en Brahman en la medida en que lo conoce. Por tanto, trascender se torna un procedimiento muy práctico: no sólo conocer y comprender experimentalmente las cualidades del campo unificado, sino también expresar sus valores en nuestra vida cotidiana, en todas nuestras actividades diarias.

En este libro esbocé los pasos hacia la conciencia de la riqueza, fundamentado en una auténtica comprensión del funcionamiento de la naturaleza. Oscar Wilde, ya citado con anterioridad, ha dicho: "Cuando yo era joven, creía que lo más importante en la vida era el dinero. Ahora que soy mayor, estoy convencido de que es así".

Es evidente que Wilde hablaba en broma, pero si cambiamos la palabra "dinero" por "abundancia", entenderemos la verdad contenida en esta afirmación. La abundancia incluye el dinero, pero eso no es todo. Se trata de la prosperidad, la fluidez, la generosidad del universo, donde cada uno de nuestros deseos debe hacerse realidad porque, como ya he dicho, en el deseo mismo se halla el mecanismo para su satisfacción.

El universo es una gran máquina de sueños, que los elabora y los transforma en realidad, y nuestros propios sueños están inextricablemente entrelazados en el esquema general de las cosas.

La mecánica del cumplimiento de esos sueños está, en primer lugar, en el poder del conocimiento, que en la antigua India se denominaba *gyan shakti*; y, en segundo lugar, en el poder de la intención, o el deseo, que se llamó *iccha shakti*. Pero el poder del conocimiento y de la intención o el deseo, sacan su fuerza y su potencia inconmensurables del poder de la trascendencia, conocido como *atma shakti*. Atma Shakti, el poder del Ser, es el poder de Brahman, donde reside el infinito poder organizador del universo.

Dice el Veda: "Conoce esa cosa única cuyo conocimiento te permita conocer todas las demás cosas conocibles".

Quiero hacerte saber que en tu interior, en el fondo de tu corazón, residen las diosas del Conocimiento y de la Abundancia. Ámalas y nútrelas, y todos tus deseos florecerán y brotarán a la vida, pues estas diosas tienen un único deseo: el deseo de nacer.

ℒOS PASOS DE LA **A** A LA **Z** PARA CREAR ABUNDANCIA

A Absoluto, Abundancia, Autoridad, Amor

B Bueno en marcha hacia lo mejor

C Carencia de preocupaciones, Caridad

D Dharma, ley de la Demanda

E Euforia, Éxito, Expectativa del mejor resultado

F Fracaso, lleva en sí la semilla del éxito

G Gratitud, Generosidad, dar Gracias a Dios

H Humanidad

I Intento, Intención

J Juzgar no es necesario

K Karma positivo del conocimiento

L Libertad de amar

M Manantial de las monedas, del dinero, Motivar a los demás

N No a lo Negativo

O Oportunidad de comunicación, coexistencia de los valores Opuestos

p Propósito de la vida, Potencialidad Absoluta

Q Qué interrogante, Quid

R Recibir, tan importante como dar

S Servicio del dinero, pues es como la Sangre que fluye

T Trascendencia, Tiempo infinito de la conciencia, Talento, Traspaso del diezmo

U Unidad, oculta tras la diversidad

V Valores

W Walkiria escanciadora

X Xilofón, para expresar agradecimiento

Y Yunque del vigor juvenil

Z Zenit, el punto más elevado del gusto por la vida

LAS VEINTICINCO CUALIDADES DEL CAMPO UNIFICADO

-1-

El potencial total de la ley natural

-2-

Poder organizador infinito

-3-

El despertar pleno en sí mismo

-4-

Correlación infinita

-5-

Perfecto sentido del orden

-6-

Dinamismo infinito

-7-

Creatividad infinita

-18-
Inmortalidad

-19-
No manifiesto

-20-
Nutritivo

-21-
Integrador

-22-
Sencillez

-23-
Purificador

-24-
Libertad

-25-
Satisfacción gozosa

$\mathcal{N}$OTA DEL AUTOR

El doctor Deepak Chopra ha combinado con éxito lo mejor del pensamiento oriental con lo mejor del pensamiento occidental, la más antigua sabiduría con la ciencia más moderna.

Los textos del doctor Chopra se han publicado en veinticinco idiomas. Sus importantes conferencias en Estados Unidos, Europa, Rusia, Japón y la India, y ahora en Iberoamérica, lo han convertido en un líder mundial en el campo de la medicina de la mente, del cuerpo y de la conciencia.

NEW WORLD LIBRARY se dedica a la publicación de libros y cintas que nos inspiran y nos animan a mejorar la calidad de nuestra vida y de nuestro mundo.

Nuestros libros y cintas en cassettes están disponibles en librerías en todos partes. Para obtener un catálogo de nuestra colección de libros y cintas, diríjase a:

New World Library
14 Pamaron Way
Novato, CA 94949

Teléfono: (415) 884-2100
Fax: (415) 884-2199
Gratis: (800) 972-6657
Para pedir el catálogo: extensión 900
Para hacer un pedido del catálogo: extensión 902

E-mail: escort@nwlib.com

Visítenos por medio de su computadora:
http://www.nwlib.com

Amber allen Publishing se dedica a la promulgación de un mensaje de amor y de inspiración a todos los que buscan el propósito absoluto de la vida.

Nuestros libros y cintas en cassette están disponibles en librerías en todos partes. Para obtener un catálogo de nuestra colección de libros y cintas, diríjase a:

Amber-Allen Publishing, Inc.
P.O. Box 6657
San Rafael, California 94903-0657

Para hacer un pedido llame gratis al (800) 499-2295

E-mail: amberallen@infoasis.com

Visítenos por medio de su computadora:
http://www.amberallen.com

El CAMINO

de la

Abundancia